APERÇU NATIONAL

SUR

NAPOLÉON.

« Sa mémoire gagnera à mesure qu'elle
s'avancera dans la postérité. »

A PARIS.

—

MARS 1822.

APERÇU NATIONAL

SUR

NAPOLÉON.

IMPRIMERIE D'ABEL LANOE, RUE DE LA HARPE.

APERÇU NATIONAL

SUR

NAPOLÉON.

Quand un homme extraordinaire disparaît du monde, il se fait dans le monde une sorte de silence, comme si celui qui remplissait la terre de son nom, avait emporté tout le bruit.

A PARIS.

—

MARS **1822.**

A NAPOLÉON,

APRÈS SA MORT.

Empereur nommé par trois millions de voix, tu n'eus pas la mienne, et mon nom fut écrit sur ma flèche.

Selon une expression du temps, moi aussi je te trouvais trop grand pour descendre

« Jusqu'au trône des rois. »

Dès que tu fus sans garde, sans couronne, sans flatteurs, ta majesté parut sans égale sur terre.

Et pour celui qui, comme les Scythes mêmes, ne veut reconnaître d'autres biens que la liberté, d'autres maîtres que les dieux, ton grand règne fut consacré.

APERÇU NATIONAL

SUR

NAPOLÉON.

Du vivant de Gélon et de sa puissance, quelques citoyens ombrageux lui auraient peutêtre refusé un monument : mais quand la république revint à Syracuse avec Timoléon, alors que Gélon n'était plus, la statue seule de ce grand prince fut religieusement rétablie : devançons ce moment de justice pour Napoléon.

Le jeune chef de l'artillerie qui, à la tête des bouches à feu, devant Toulon, par l'audace et la combinaison de ses attaques, avait restitué cette place à la France, dans la célèbre nuit de vendémiaire an IV, est appelé à peser nos destinées : lui-même a consacré les motifs qui l'entraînèrent, et son glaive en décida.

« Si la Convention succombe, que devien-
» nent les grandes vérités de notre révolution?
» Nos nombreuses victoires, notre sang si sou-

» vent versé, ne sont plus que des actions hon-
» teuses; ceux, que nous avons vaincus, triom-
» phent et nous accablent de leurs mépris........
» nous reprochent nos crimes, exercent leur
» vengeance, et nous gouvernent en Ilotes par
» la main de l'étranger. Ainsi, la défaite de
» la Convention ceindrait le front de l'étran-
» ger, et scellerait la honte et l'esclavage de la
» patrie. » (*)

Il se dévoua ; et le jeune général devint dès-
lors le premier soldat d'une révolution déjà
vieille de tant de gloire et de sang versé.

Deux grands moyens seuls pouvaient la garantir : il fallait écraser ses ennemis et les for-
cer à la reconnaître.

Les drapeaux triomphans d'Arcole et de
Lodi portent l'indépendance et la liberté en
Italie. A la vue de Vienne, le général français
signe le traité de paix de la République avec
le monarque autrichien ; et l'on put dater le
règne des *nouveaux jours*.

Les rochers de l'Illyrie et les échos de la mer
Égée retentirent du nom de la grande nation :
nos victoires réveillèrent les rivages de Sala-

____

(*) Voy. Recueil de pièces authentiques sur le captif de Sainte-
Hélène, tome 3.

mine et les plaines de Marathon; nos bulletins de gloire et de liberté étaient lus au défilé des Thermopyles ; et quand les Grecs marchent à présent sur ces souvenirs, la grande ombre du général d'Italie ne semble-t-elle pas au-devant de leurs étendards? Ainsi s'accomplit déjà cet aperçu prophétique d'une de ses plus belles inspirations à Sainte-Helène : « Et même » quand je ne serai plus, je demeurerai encore » pour les peuples l'étoile (1) de leurs droits, » le cri de guerre de leurs efforts, et la devise » de leurs espérances. »

Il fallait faire briller de toutes parts la *nou-velle lumière du monde*. Il la porta dans l'O-rient. Toutes les renommées de l'histoire, des sciences, et de la fable même, devaient se réveiller pour la destruction des anciens sceptres; et le grand capitaine vogua vers les rivages des Pharaons.

Les drapeaux français flottèrent entre les cataractes du Nil et le mont Liban; et de leurs tentes, placées sur les débris de Thèbes et de Palmyre, au milieu des anciens oracles, furent décernés ces ordres du jour, qui proclamaient à l'Asie et à l'Afrique l'affranchissement des peuples en Europe.

Là, soit aux bords du Jourdain ou sur les rives du Nil, au mont Thabor ou au mont Sinaï, en Palestine ou à la Mecque, le ciel avait souvent parlé mystérieusement à la terre: le grand missionnaire français n'y porta, avec sa milice héroïque, que l'enthousiasme de la liberté, de la gloire, et surtout celui de la justice.

Depuis la bataille d'Aboukir jusqu'à celle des Pyramides, assez de palmes françaises ont couvert l'héritage de Sésostris. L'Arabe jette sa poignée de sable dans les airs et s'écrie : « Compte, si tu peux. » Mais il est d'autres paroles mémorables qui valent bien aussi des victoires, et qui se répètent encore au milieu des roseaux du Nil.

Quelques Bédouins s'étaient glissés dans une maison du Caire; ils en avaient assassiné le propriétaire. Le chef de l'armée jure d'en tirer vengeance. Sultan Kebir, lui dit un des Scheiks présens : « Vous jouez-là un mauvais jeu, etc.... (*) — « Tous ceux que je gouverne, »reprit vivement le général de l'Egypte, sont » mes enfans ; la puissance m'a été donnée pour

____

(*) Collection nouvelle des documens historiques sur Napoléon.

»garantir leur sûreté. » Et tous les Scheiks s'inclinant à ces paroles : Oh ! c'est beau ! »tu as parlé comme le prophète. » — Et les Musulmans purent croire que le grand Emir français était vraiment de la race de Mahomet.

Au milieu de toutes les illustrations attachées au nom français, sur les plages égyptiennes, on n'en sépara point le nom de Bonaparte ; cette union fut attestée par les acclamations et l'allégresse qui accompagnèrent son retour de Memphis.

Après sa campagne d'Afrique, jadis l'empire d'Orient avait frappé des médailles pour son général victorieux, devenu célèbre aussi par ses infortunes : « *A Bélizaire, la gloire* » *des Romains.* » Et depuis le retour du vainqueur de l'Egypte aux rivages de Fréjus, la même légende couvrait les Gaules : « *A Bona-* » *parte, la gloire des Français.* »

Bélizaire le premier triompha au milieu de Constantinople, et fut nommé consul ; la France décerna aussi les faisceaux à son général, dont les fatalités ont effacé celles de Bélizaire.

Premier magistrat de la République, son bâton de commandant ne fut qu'un caducée.

Dans moins d'une année, il rendit plus de Français aux dieux de leurs foyers, que jamais Marius et son rival ensemble, n'avaient proscrit de Romains.

Si l'histoire a retenu la stoïque cruauté de Sylla, inscrivant ses victimes sur ses fatales tablettes, elle dira aussi l'inexprimable sérénité de Napoléon, alors qu'il replaçait au sein de la nation, et rapprochait du sien, cent mille de ses implacables ennemis, à l'époque même où la rigueur politique avait balancé de mettre leurs familles en ôtages.

Dans son intrépide clémence, il fit plus : il r'ouvrit les terres françaises, et les tentes du Dieu des chrétiens, à ses lévites errans et déportés. C'était une tribu du peuple séparée d'Israël ; il la rendit à sa patrie, à ses fonctions, à ses autels. Les pavillons de cette milice sacrée avaient disparu ; on en éleva de nouveaux.

Selon lui, la conscience était un sanctuaire hors de la puissance des hommes. On se souvient comment il invoquait le nom odieux de Néron, contre tout enfant de sa race qui oserait attenter à cette liberté ; et, toutefois, dans son respect pour la foi des ancêtres, dans sa noble pitié pour les malheurs des ministres catholiques, il fit plus pour eux à cette époque, qu'un autre Clovis même n'eût osé.

Sous la seule signature de Napoléon, tous les émigrés sont échappés du registre de l'échafaud; toute l'armée du Dieu de paix, rappelée à ses tabernacles, lui devait ses bénédictions; et, dans cette même olympiade, on tenté sept fois d'assassiner Napoléon! on déclare contre lui une guerre sacrée, telle que les fanatiques Musulmans la font aux ennemis de leur foi, proscrits par les Uhlemas. — On sait qui tenait les poignards, par qui ils furent aiguisés : et ce ne sera pas la dernière fois que les hommes rayés par lui du livre de la mort essayeront de s'acquitter ainsi!

Pendant qu'il exerçait une magnanimité si périlleuse, il sentait que ses triomphes, pour assurer celui de la grande cause nationale, n'en devenaient que plus impérieux.

Dans leur premier vol, ses aigles et ses jeunes conscrits franchissent le Saint-Bernard, et, dans leur intrépide ivresse, précipités sur des lignes de foudre et d'acier, Desaix mourant à leur tête, Marengo est enlevé, des masses de grenadiers et de cavaliers autrichiens tombent morts ou à genoux ; et, par une ligne qu'on traiterait de fabuleuse dans Quinte-Curce, Mélas restitue toute l'Italie.

Les étendards autrichiens, couchés dans les plaines d'Alexandrie ; à cette époque assuraient la soumission entière du continent ; elle ne suffisait pas à la gloire du consul. Le cabinet de Saint-James avait senti sa main puissante : Amiens reçoit le plénipotentiaire anglais ; Londres reconnaît la République et son chef ; la paix est signée, et ce jour, un des plus beaux de la France, dit Napoléon lui-même, « fut le plus beau de sa vie. »

Tous les souverains de l'Europe avaient donc souscrit la nouvelle ère du grand peuple ; la Révolution était légalisée, par toutes les vieilles chancelleries. On recourut aux complots pour rétracter ces loyales sanctions.

Les factions des vieux régimes, assoupies quelque temps en dedans et au dehors de nos murailles, se ranimèrent. Londres hisse le signal des combats, et des sicaires partis des côtes britanniques, par un septième attentat, menacent encore la vie du consul qui avait assuré le pavillon de la nation.

Au seizième siècle, les Bataves aussi, depuis douze ans, luttaient pour résister au joug royal : un Philippe s'irrite de leur opiniâtreté ; quatre scélérats sont expédiés de Madrid, et le capitaine-général des États-Unis périt sous leurs coups. Celui de la France échappa miraculeusement à ses assassins.

Dans les grandes confédérations pour les libertés publiques, leurs chefs sont toujours sous les poignards de l'ancienne tyrannie. La crise était imminente ; tous les vieux sceptres de l'Europe se lançaient sur la République ; elle s'arma d'un sceptre pour la défendre. — Sous ce diadème, au moins, la nation conserva le sien ; ce fut elle qui le donna.

Toutes les couronnes se liguaient pour ramener en France les institutions gothiques ; tous les éperons de la féodalité menaçaient les flancs de la nation ; la révolution dut avoir aussi son représentant, couronné, armé de toutes pièces, accoutumé d'être le premier au combat, d'en sortir le dernier, et qui pût enfin remporter la victoire des siècles nouveaux contre les anciens.

A peine est-il proclamé sur le pavois national; l'Autriche amasse ses baïonnettes et menace le Rhin : la grande armée prend sa course ; les bataillons de Mack tombent à ses pieds, Ulm ouvre ses portes : la capitulation de Marengo n'est plus l'unique dans les fastes de l'histoire.

Ce n'était qu'un prélude ; la journée d'Austerlitz donnait à Napoléon la couronne d'Autriche : il la laissa sur le front du monarque vaincu, et négligea de faire l'empereur Alexandre son prisonnier. — Pour peindre sa grandeur, il faudrait le peindre à son bivouac en Moravie, s'il n'eût pas été offert en holocauste à Sainte-Hélène.

A peine nos guerriers s'étaient-ils retirés de la Germanie, que la Prusse sembla avoir oublié l'ouragan qui avait ébranlé l'Autriche; poussée par l'Angletere elle osa défier la France. — Son chef courut au-devant.

Les vieux étendards de Frédéric, ses anciens compagnons d'armes, Mollendorff et Brunswick, une fois abattus aux champs d'Iéna, cette Prusse, qui sous le grand roi du dernier siécle, ne formait qu'une armée et qu'une citadelle, en vingt cercles de jours, fut enveloppée dans le tourbillon de nos armes : et il ne restait plus au petit-neveu de Frédéric, d'autre place en Europe, que celle d'archi-chambellan du Saint-Empire.

Au travers des murailles de baïonnettes russes toujours renaissantes et toujours enfoncées, les aigles françaises s'avancent et sont plantées sur les rives du Niémen.

Napoléon, en partant, avait dit à l'ambassadeur d'Espagne (le prince Masserano) : « si l'on me force à une campagne, je pourrais bien être le plus ancien roi de l'Europe. » — Il pouvait le tenter alors, en prenant la devise des rois contre lui : *malheur aux vaincus !* il ne lui fallait que d'être impitoyable : il ne sut jamais l'être.

La même magnanimité qui, dans un fossé de Moravie, avait restitué le trône à la maison d'Autriche, se reconnut encore sur le radeau du Niémen. — Cent ans auparavant, le grand Electeur à Berlin avait placé la couronne de roi sur sa tête : cette fois elle sortit des mains de Napoléon pour ceindre le front des margraves de Brandebourg.

Sans le javelot lancé au-delà des Pyrénées contre la terre de l'antique Numance, les portes de la guerre se trouvaient fermées sur tout le continent ; la révolution ferme sur ses étriers marchait en Europe : l'Autriche voulut essayer encore de la désarçonner.

Tous ses boucliers sont rassemblés ; jamais ils ne s'étaient montrés plus redoutables : il fallut deux coups terribles et toutes les masses de la grande armée. Ils furent frappés à Ratisbonne et à Wagram : et au travers du sang et du Danube, le vainqueur, pour la seconde fois eut à ses pieds les trésors, la capitale, les palais et les clefs de Vienne et de l'empire.

Le Macédonien offrit à Darius, *s'il voulait venir le trouver*, de lui rendre sans rançon, sa famille, ses richesses et son empire. Ce qu'Alexandre avait proposé, le héros français le fit sans condition : il ne fut jamais généreux à demi.

La France a fait son cours d'expérience politique, depuis 1814, sous des monarques féodaux : l'histoire dira si l'alliance était facile entre eux et les princes constitutionnels ; entre le droit divin et le droit des peuples. En 1812, le conflit était le même, n'importe les couleurs diplomatiques arborées alors ; la Sainte Alliance s'est expliquée depuis. — C'était évidemment contre la nou-

velle religion politique , que la Russie voulait prononcer l'anathème : et le grand Muphti
de la nation dut courir aux armes pour le
repousser.

La campagne s'ouvre ; Napoléon marque
chacune de ses étapes par un nouveau tro-
phée ; et quand son lit de camp fut placé au
palais des Czars , et qu'un de nos grenadiers
fut en sentinelle au Kremlin, la fortune de la
France semblait être montée avec lui au Ca-
pitole du monde.

La rampe Tarpéienne en était proche ; nos
Aigles en furent précipitées au travers des
plaines de feux, de neige et de sang.

Après la défaite de Cannes; Rome fit face
de toutes parts ; la France avec son empereur
reparut dans la lice , sinon avec autant de bataillons, au moins avec autant de fierté et de feu.

Trois mois Napoléon sembla encore retenir,
dans un coin de la Saxe , et les rênes et le frein
de l'Europe : trois fois il rappela la fortune
sous nos drapeaux. — Quatre rois , ses alliés ,
qui lui devaient leur capitale , leurs trésors ,
leur couronne, leurs étendards , désertent les
siens avec armes et bagages , et sous les feux
de l'ennemi ; la félonie est comblée ; ils pas-

sent dans ses rangs; — et, dans les champs de Leipsick, l'Europe nouvelle, qui se mesurait avec la vieille Europe, y fut ensevelie.

Il restait la France à sauver, pour la cause des nations : les vainqueurs semblèrent frémir même de toucher son sol sacré, et ce fut la trahison encore, glissée jusques dans la patrie de Guillaume Tell, qui livra une de nos frontières.

On pouvait désespérer de tout ; nos braves semblèrent redoubler d'intrépidité, et ne désespérer de rien. — Les aigles reculaient et triomphaient encore, et l'on put croire quelquefois qu'elles cédaient seulement pour reprendre un élan vers la victoire.

Les prodiges de valeur augmentaient avec les revers : les jours de nos armées, en 1814, sont immortels ils seront aussi gravés sur l'airain de la colonne, et les héros de Champ-Aubert et de Montmirail, couvriront les piliers du Panthéon.

Seize ans les bivouacs victorieux du chef de la nation avaient occupé toutes les capitales du continent ; il lui fallut plus d'héroïsme quand, des tours de Paris, on vit les feux des tentes ennemies.

Tout n'était pas perdu. Le tremblement de la terre nationale était commencé ; les rois victorieux pouvaient y être engloutis au milieu de leurs hourras de joie, alors même que les Moscovites campaient aux Champs-Elysées, et leurs sentinelles au palais du Sénat. Mais l'homme de la patrie fit reculer le héros ; et l'Empereur abdiqua.

Peu d'heures auparavant, il avait refusé de souscrire au traité de Châtillon : tel il avait reçu le territoire du grand Peuple, tel il voulait le conserver. C'était Annibal à son dernier débris, devant Scipion vainqueur, traçant encore, avec la pointe de son glaive, l'Afrique pour les limites de Carthage.

Jamais une amorce n'avait été brûlée pour le placer sur le bouclier de la nation : il ne voulut point tenter de s'y maintenir au risque d'une pareille chance ; même quand ses vieilles phalanges lui offraient encore un feu de file redoutable. — La patrie est dans sa parole comme dans sa résolution.

« A Fontainebleau, entouré d'une troupe » fidèle, mais peu nombreuse, j'aurais pu ten- » ter avec elle le sort des combats ; elle était » capable d'actions héroïques ; mais la France

» aurait payé trop cher le plaisir de cette ven-
» geance ; elle aurait eu le droit de *m'accuser*
» *de ses maux.* Je veux qu'elle ne m'accuse
» que de la gloire où j'ai porté son nom. Je
» me résignai. » — C'est ainsi que, descendu du
trône, il remonta au faîte de la cité.

Le grand empire était passé sous la lance.
Les alliés, maîtres de Paris, semblaient l'être
du monde ; mais, au milieu de ce déluge, l'île
d'Elbe offrait encore une arche de salut : Napoléon s'y retira.

Malgré la foi des Sermens, les libertés publiques et la dotation des braves, couraient
les mêmes périls. Malgré la foi des Traités, à
Vienne on projetait déjà de déporter l'empereur à Sainte - Hélène. — Les événemens
se précipitaient au-delà de tout calcul. Napoléon essaya d'avoir encore le quart-d'heure
d'avance sur l'Europe.

Il était séparé de sa femme et de son fils ;
il voit la France entraînée dans la contre-révolution, et déjà il est loin de son rocher :
encore une fois, quelques pirates seuls pouvaient intercepter César et sa fortune. Pour
ses plus fidèles, ce n'était là qu'une sublime folie ; pour lui, qui apprécie la grande

âme de la France, ce n'est qu'un acte de con-
fiance légitime. Il l'a peinte avec naïveté.

« Je débarquai sans obstacle : je me re-
» trouvais en France; j'y revenais malheureux.
» Mon cortége ne consistait que dans un petit
» nombre d'amis et de frères qui avaient par-
» tagé avec moi le bonheur et l'adversité ; mais
» c'était une raison pour attirer le respect et
» l'amour des Français. »

Il rapportait à l'armée ses aigles, au peuple
son indépendance, à la Révolution son sceptre. En vingt jours il fut à Paris, et le pavillon
tricolor régnait avec lui aux Tuileries.

Exposé seul aux quatre vents de l'Europe,
il s'avance en Belgique avec ses vieux soldats.
Le premier jour, il triompha de l'abîme : le
lendemain il y fut englouti, mais avec son armée; en s'y jettant tout entier, le poëte dirait
» qu'il semblait encore le conquérir. »

Les heureux lauriers de Fleurus croissent
dans ces mêmes sillons ; mais on y mêlera
long-temps aussi l'hymne du brave à Waterloo : « LA GARDE MEURT, ELLE NE SE REND PAS. »

Ce fut les yeux fixés sur l'ode guérrière qui
consacre ces paroles ossianiques, que la grande
ombre sur son rocher, presque à moitié dans

2

sa tombe, adressait encore ces soupirs illustres à ses vieux camarades .

« Braves Français ! soldats ! quels hommes !
» ils se sont rendus tous immortels ! Toute l'ar-
» mée séra mentionnée dans les annales de la
» France ; mais ce n'est pas assez, chacun d'eux
» devrait seul occuper une page dans l'histoire.»

Tous les rois semblaient se le demander pour victime ; seul même, il eût encore marché contre le monde entier : dès qu'on eut parlé du salut de la France, il se dévoua.

Depuis qu'il eut abordé le golfe *Juan*, sa tête avait été mise à prix par les cédules royales ; il l'avait placée sans crainte sous l'égide de la nation : seul et désarmé, il la lui offrit encore à l'Elysée : c'était Gélon remettant son pouvoir et sa vie entre les mains du peuple.

Paris revoyait la fumée des camps européens ; si l'empereur n'était plus, le soldat restait : il avait observé les mouvemens de l'ennemi, il les avait jugés. Sans couronne, sans faisceaux, sans palme même de commandement ; il offre encore son bras, jure de vaincre et de subir ensuite sa destinée : il ne put l'obtenir. Comme Camille, il croyait que c'était par le fer et non par l'or que Rome devait être rachetée. — Il ne pouvait plus marcher sous les enseignes de la patrie, il s'éloigna.

Vingt-un ans s'étaient écoulés depuis qu'il marchait au pas de charge pour la grande cause de la révolution ; et seulement comme son tribun militaire, que d'actions héroïques il avait entrepris pour la faire régner en sûreté dans le monde entier.

Le peuple français sous les livrées de la liberté, d'abord n'avait paru qu'un intrépide forban. Ses couleurs avaient été chargées d'affronts, à Venise, à Vienne, à Rome même, où elles furent violées et couvertes du sang des hérauts de la paix ! — Et des sources du Nil aux bouches du Rhin, des colonnes d'Hercule au palais des Czars, le grand capitaine fit saluer le drapeau national, et reconnaître la république et l'empire.

Des croisades toujours renaissantes se jetèrent sur la France pour y planter leurs poteaux et les fourches caudines. Chaque campagne on semblait afficher de nouveau le manifeste de Brunswick, pour mettre le peuple français à l'encan ou hors la loi. — Napoléon

plantant ses aigles au milieu même des palais
de la coalition, fit signer aux rois l'indépendance de sa nation : droit le plus sacré pour
la France, car sans lui plus d'honneur.

Tous ces trônes de droit divin, dans leurs
congrès, mettaient au ban de l'Europe et
voulaient traiter en vassal, le peuple, qui
comme ses aïeux, voulait élire ses chefs; et
l'empereur que les Français avaient élevé sur
leur bouclier, fit reconnaître sa suzeraineté,
et marcha le premier.

On a prononcé contre lui des bills de mort
civile, dans quelques cours royales ; mais il
vivra dans la cour plénière des peuples. —
Pour qui, et contre qui s'est-il armé?

Il ne fut pas du moins, comme on l'a dit,
un conquérant à la manière des Vandales.
Montesquieu me semble l'avoir deviné : « il
« voulait tout conquérir pour tout conserver :
« il respectait toutes les traditions anciennes,
« et tous les monumens des siècles. » Les nations italiennes savent tout ce qu'il voulut faire
pour augmenter leur gloire et leur puissance.

« Cingle du côté des *peuples* que Dieu veut
« punir », disait Genséric à son pilote, en sor-
tant de Carthage. Si Napoléon eût donné son

secret, quand il lançait ses aigles sur une des capitales de l'Europe, l'histoire aurait cet autre mot à retenir : « marchons du côté des rois que Dieu veut châtier. »

Tel il fut sous ce casque qui couvrit de feux toute l'Europe, pour affranchir son pays du joug de l'étranger. — Il ne fut pas moins grand, quand sous les pans de sa toge consulaire et impériale, il apportait la paix à tous les partis.

Là, tous les blessés de la révolution, qui lui montrèrent un cœur à la patrie, furent pansés de sa main généreuse. Il leur donna place à sa cour, à sa tente, aux conseils, à l'armée; et peut-être même dans sa magnanimité, alla-t-il jusqu'à l'imprudence ?

Il les appela tous aux banquets du pouvoir, des dignités et de la grandeur : et aux mêmes nappes de ses fidèles compagnons d'armes et de cité, il leur offrit à tous l'eucharistie politique, sans la refuser même à celui qui, l'hostie sous la main, le reniait dans sa pensée et avait déjà reçu le denier pour le livrer.

S'il appela tous les Français, sans distinction, à l'honneur des combats ; s'il voulait que devant l'ennemi, dans les dangers chaque main saisit un fer ; que d'efforts il fit aussi, pour offrir au dedans de nos murailles des faisceaux de citoyens sous les nœuds de la France nouvelle. — Et comme chef de famille, pour unir tous les dards et en fortifier la cité.

Sous son sceptre comme sous son épée , tous les intérêts de la révolution purent dormir tranquilles ; les bornes des champs furent aussi sacrées que les Dieux Termes des anciens ; les mains citoyennes qui avaient creusé des fossés autour de leurs héritages, furent en paix sous la sienne ; et tous les acquéreurs sous la foi des lois étaient sûrs , au moins , de leur vie , de leur honneur et de leur sépulture.

Dans ses palais comme aux champs de bataille, partout au milieu des Français , il voulait relever les autels généreux et antiques, *à la Mémoire qui oublie* ; et quand *du païs des mânes* , on voulut évoquer des vengeances, les Tuileries ont entendu ces paroles , sillonnées ds justice et de paix.

« J'ai fait tout au monde, pour accorder « tous les partis ; je vous ai réunis dans les « mêmes appartemens , fait manger aux mê-

« mes tables, boire dans les mêmes coupes ; vo-
« tre union a été l'objet constant de mes soins. »

« Eh quoi ! ce fruit de tous mes efforts se-
« rait-il donc perdu ?

« Depuis que je suis à la tête du gouvernè-
« ment, m'a-t-on jamais entendu demander
« ce qu'on était, ce qu'on avait été, ce qu'on
« avait dit, fait, écrit ? — Qu'on m'imite. »

Avec une telle plénitude de générosité, le
langage absolu devient excusable. Mais quand
tous les rois de l'Europe obéissaient au *sic
placitum* ; et que d'un seul signe de sa tête,
il les faisait trembler, il ne put rien obtenir sur les cœurs ulcérés ; on resta dans l'ini-
mitié : et Caïn n'attendit plus que la massue
de l'Europe pour assassiner son frère.

César avait porté les limites de Rome, jusqu'à l'Océan ; il avait gagné cinquante-six batailles : la guerre seule a retenu son nom. Napoléon eut le secret d'autant de victoires ;
mais quelle armée de monumens il laisse à la
postérité en outre de sa grande armée !

Pendant que la guerre offrait ses merveilles,
les arts eurent leurs chefs d'œuvre, les sciences
leurs prodiges, le commerce ses conquêtes,
et le luxe même sa majesté.

À la voix de ses décrets, l'industrie employa toutes ses armes, la France enfanta les productions d'un autre monde, le commerce eut ses palais, la bourse ses portiques, le peuple ses bazards somptueux, le grand empire ses alcazards, la nation ses arcs de triomphe, son muséum, sa colonne immortelle.

Les fastes civils et militaires devaient orner le temple de la gloire, et les grands hommes avaient leur Panthéon ; enfin Paris devenait la ville du monde ; et jusqu'au dernier hameau de l'empire, la terre s'ouvrait pour offrir aux siècles à venir, quelque image de grandeur du siècle de la nation.

Du Zuyderzée jusqu'à l'Adriatique, les flots de tous les rivages eurent leurs monumens. Amsterdam tendait la main à Marseille, et les ondes du Rhin et du Rhône devaient joindre les Phocéens et les Bataves.

Depuis vingt-quatre siècles, les Alpes étaient consacrées par le sentier où les Garthaginois avaient passé : les guerriers français s'y montrent, elles sont coupées dans tous les sens par quatre larges chaussées dignes des Romains. — Sur leur sommet, sur cette coupole des deux Gaules, à la vue des peuples de

l'Italie et de la France, le grand capitaine avait ordonné une pyramide : *A ses armées, Napoléon reconnaissant*; et sans doute on y aurait lu : « Conscription si chère à la li-
» berté de la France ! Légion d'honneur si
» chère à la gloire ! » (2)

Les jeunes Français armés de leurs baïonnettes, furent les Patrices du pays : la croix de la patrie brilla pour le dernier soldat comme pour le dernier citoyen; des palmes furent semées dans toutes les carrières; les braves de toutes les professions purent s'élancer pour les cueillir; et n'importe où l'on portait ses pas, chacun avait devant soi le grand aigle d'honneur : tous pouvaient le saisir.

On fait et l'on défait les rois', la mort entraîne même les nations; les institutions vivent dans l'histoire. — Le règne du grand magistrat de la France fut jugé par l'Institut : l'avenir confirmera ces lignes gravées au bas de la statue qu'il lui avait votée : *Au premier des guerriers fondateur d'un régime européen, ami de toutes les nations et de toutes les grandes pensées.*

Certes, tant d'illustrations l'identifiaient avec la France; et quand on a voulu l'en sé-

parer, on conçoit ces paroles d'un amour dé-
chiré.

« La gloire de la nation est à m'avouer ;
» je ne saurais avoir fait tant de choses, pour
« l'honneur de cette nation et pour son
« lustre, sans elle, en dépit d'elle : elle me
« rendrait trop grand ».

Immense sans doute fut son ambition,
mais ce fut celle d'un grand romain, au milieu de sa patrie ; n'ayant d'autre ambition
que la sienne, celle de sa gloire, de son ascendant, de sa majesté : et connut-il jamais
d'autres trésors que les siens ? Un de ses
mots dira les richesses qu'il appréciait : « j'ai
« trouvé à Postdam l'épée du grand Frédéric
« et le cordon de ses ordres ; je faisais plus de
« cas de ces trophées que des cent millions
« que la Prusse me payait. » (3)

Déchu de tout, n'ayant plus que sa place
sur terre comme homme : c'est alors qu'il se
révèle tout entier ; et sa lettre au prince-régent commence le plus beau spectacle que
l'antiquité ait jamais offert.

A la manière des rois fugitifs, il ne mendie
point un asile à titre de monarque ou de
souverain légitime. — C'est un général grec

qui, comme lui, triompha pour la liberté de son pays, qu'il prend pour exemple.

« Je viens comme Thémistocle, m'asseoir « sur les foyers du peuple britannique ; je « me mets sous la protection des lois.

Ce n'est point un asile privilégié qu'il réclame de la couronne, c'est encore à l'abri d'un peuple qu'il vient se placer. — Le grand Alfred ne régnait plus en Angleterre : réduit à se cacher après bien des victoires, il eût accordé une cabane solitaire à l'homme illustre, fugitif comme lui ; le prince-régent ne crut lui devoir que la *terrible* hospitalité du Bellérophon ; c'était celle de l'ancienne Tauride.

L'histoire d'Angleterre et sa constitution , dit lord Littleton, « commencent au règne « d'Alfred ». A çet acte sauvage, on les croirait effacées.

Le plébiscite britannique, dans toute sa difformité, n'était encore que le bannissement des Romains sous une autre formule ; bientôt, suivant aussi l'instinct des Néron, on lui envoya sir Hudson Lowe , pour que sa victime se *sentît* mourir.

Dès l'instant où il fut connu à Longwood,

on eut bientôt de sinistres pressentimens. Quand Agrippine vit paraître le général des galères de Misène, elle ne douta plus de son sort.

En sentant l'ongle homicide des Centurions, Napoléon s'occupait encore d'excuser la nation anglaise. « On m'assassine même, s'écriait-il, » en violation du bill du parlement»; et toutefois, devançant l'avenir, il pouvait déjà « lé-» guer l'opprobre de sa mort à la maison ré-» gnante d'Angleterre. »

Ce grand meurtre se consommait tous les jours : le préteur anglais même voulut enché-rir sur *l'interdiction de l'eau et du feu.*

« Qu'on me laisse tranquille, s'écrie Napo-léon en montrant le camp du 53e régiment; » si j'ai faim, j'irai m'asseoir parmi ces braves; » ils ne repousseront pas le plus vieux soldat » de l'Europe. » Et au souvenir de celui qui, au temps de sa fortune, saluait avec tant de respect le courage malheureux, ces paroles se répéteront avec larmes aux tables des guer-riers, sous tous les dômes des invalides de l'Europe.

Le comte de Las Cases, son fidèle serviteur,

qu'il appelle même son ami (*), dans son ver-
tueux zèle, voulut faire entendre à l'Europe
les outrages et les tourmens de Sainte-Hélène :
on l'arracha aux pieds même du Louvre de l'in-
fortune (**) : et celui qui y régnait encore par
la force de son âme, « crut voir les sauvages
» des îles de la mer du Sud, dansant autour
» des prisonniers qu'ils vont dévorer (4). »

Quelques plaintes énergiques de l'héroïque
fidélité passent les mers, et ces fiers accens
sont parvenus à Londres : « Napoléon fut
» vingt ans votre terrible ennemi ; il vous sou-
» viendra d'Annibal et de l'infamie romaine à
» son égard. » On craignit que l'Europe ne
perçât enfin le voile mystérieux jeté sur cet
homicide : on semblait même vouloir entraî-

(*) Tome 2, Recueil de pièces authentiques sur
Sainte-Hélène, lettres du Cap.

(**) Interrogé sur cette vertueuse contravention à
d'atroces réglemens, le comte de Las Cases, dont le
nom est devenu inséparable de celui du grand captif
de Sainte-Hélène, répondit avec une naïveté presque
sublime : « *Je me croyais celui qu'on égorge dans un*
» *champ, et qui, à défaut de secours, prend à témoin les*
» *oiseaux de passage.* »

ner l'illustre patient à s'en rendre complice.
Les tortures redoublèrent. On eut la lâcheté
de venir insulter la Majesté la plus sacrée ! la
Majesté tombée ! Jusqu'au seuil de Longwood,
elle se fit encore obéir.

« Monsieur, je suis dans vos fers ; mais sa-
» chez que vous ne tenez que mon corps ; mon
» âme demeure , sur ce misérable roc , aussi
» fière , aussi indépendante qu'à la tête de
» 8oo,ooo hommes, dictant des lois. Qu'on me
» laisse. »

Le grand Justicier ne reparut plus ; mais les
Prévôts à ses ordres n'abandonnèrent pas le
grand Martyr. — Et déjà on crut le voir enve-
loppé du manteau des batailles , étendu sur ce
même lit de camp où il avait tant veillé pour
la victoire ; le buste de son fils à ses pieds ,
l'hymne de Waterloo et l'étoile d'honneur
ayant ses dernières palpitations.

Du vivant de ce règne trop absolu , alors
qu'il donnait des lois à l'Europe , au milieu
de son tonnerre ; du vivant de son pouvoir,
qui fut trop une divinité pour lui , on ne m'a
point trouvé parmi ses flatteurs ; mais quand
les ennemis des peuples le poursuivent avec
les cris de rage de Jérusalem : « *Tolle , tolle ,*

crucifige », je sens que les soupirs de la nation s'attachent au sien ; et devant ce nouveau
calvaire, au milieu de l'Océan, je répète avec
tout homme de cœur :

« Grand homme ! je te révère plus avec la
» couronne d'épines que la violence a placée
» sur ton front, que lorsqu'il rayonnait des
» nombreux diadèmes décernés par la vic-
» toire. »

Rien de ma femme, s'écriait-il en ses mor-
telles anxiétés !... ; « mais patience ». — Il savait que d'un pas serein elle avait marché sur
les abîmes, digne de lui, de son fils et de la
France ; et que depuis elle était contrainte à
se priver même de ses larmes.

Et ses derniers regards, pressant une autre
image bien chère, on entendit ces mots : « *De*
» *tant de gloire, une seule, la plus belle de*
» *toutes, reste à mon fils : c'est le titre de*
» *Français.* » — Il pouvait ajouter : « Et sa
» grande fortune, l'Épée de son père ! »

Il lui restait un souffle de vie. Avec une mémoire pareille à celle de Mithridate, les noms
de ses légions se sont pressés en foule sur ses
lèvres glacées.

Et ses glorieux Vétérans qui avaient bu dans

la même coupe, avec lui, les eaux du Nil et des Puits du désert ;

Et ces Casques vénérables qui avaient enlevé l'Italie à la course ;

Et ces intrépides soldats de la grande armée qui, sur ses pas, ont couvert l'Europe de leurs pas ;

Et tous ses Généraux, les braves des braves, seul titre pour marcher à leur tête et à côté de lui ; nul n'est oublié dans ces Codiciles d'éternelle mémoire ;

Enfin, si les bruits en sont fidèles, tous y seraient appelés à recueillir un legs de la main généreuse de leur plus ancien compagnon d'armes. — Et ces mots magnanimes auraient été répétés : « J'ai fait plus d'ingrats qu'Auguste ; » que ne suis-je comme lui en situation de » leur pardonner ! » (5)

Il bégayait encore les noms de la France, de son fils, de l'armée, et, dans sa pensée, donnait un dernier baiser à ses aigles.

Trois fois on l'appelle à la manière des anciens : *Conclamatum est.* — « Il n'y a plus d'espoir » ! Lui seul ne répond plus à ce nom, plus que jamais entendu par le monde entier.

Quand Romulus, d'une main trop absolue , fondait la puissance et la gloire de sa nation, les hommes libres purent le redouter ; mais assassiné ou foudroyé, n'importe , si son corps n'eût pas miraculeusement disparu , NUL N'AU-RAIT VOULU LE LAISSER SOUS LA PIQUE DES SABINS , ET SA TOMBE N'EUT ÉTÉ PLACÉE QUE SOUS LA PIQUE ROMAINE.

NOTES.

« (1) La contre-révolution, même en la laissant aller, doit inévitablement se noyer d'elle-même dans la révolution. Il suffit à présent de l'atmosphère des jeunes idées pour étouffer les vieux féodalistes; car rien ne saurait jamais détruire ou effacer les grands principes de notre révolution. Ces grandes et belles vérités doivent demeurer à jamais, tant nous les voyons entrelacées de lustre, de monumens et de prodiges : *nous en avons noyé les premières souillures dans des flots de gloire*; elles sont désormais immortelles. Sorties de la tribune française, cimentées du sang des batailles, décorées des lauriers de la victoire, saluées des acclamations des peuples, sanctionnées par les traités, les alliances des souverains, devenues familières aux oreilles comme à la bouche des rois, elles ne sauraient plus rétrograder !

« Elles vivent dans la Grande-Bretagne, elles éclairent l'Amérique, elles sont nationalisées en France ; *voilà le trépied d'où jaillira la lumière du monde !*

« Elles le régiront, elles seront la foi, la religion, la morale de tous les peuples; et cette ère mémorable se rattachera, quoiqu'on ait voulu dire, à ma personne, parce qu'après tout, j'ai fait briller le flambeau, et qu'aujourd'hui la persécution achève de m'en rendre le Messie. Amis et ennemis, tous m'en diront le premier soldat, le grand représentant. *Aussi, même quand je ne serai plus, je demeurerai encore pour les peuples, l'étoile.*

Paroles de Napoléon à l'île Sainte-Hélène. (Collection nouvelle de documens historiques.)

(2) L'empereur s'entretenant à Longwood, avec des généraux et des colonels anglais, sur le mode d'avancement dans leur armée, s'étonnait que chez un peuple où existait l'égalité des droits, les soldats devinssent si rarement officiers ; et il ajouta : « Une « des grandes conséquences de la conscription, est « d'avoir rendu l'armée française la mieux composée « qui fut jamais. C'était une institution éminemment « nationale et déjà fort avancée dans nos mœurs ; il « n'y avait plus que les mères qui s'en affligeassent « encore. — Le temps serait venu où une fille n'eût « pas voulu d'un garçon qui n'aurait pas acquitté sa « dette envers la patrie ; et c'est dans cet état seu- « lement, que la conscription aurait acquis la der- « nière mesure de ses avantages. Quand elle ne se « présente plus comme un supplice ou comme une « corvée, mais qu'elle est devenue un point d'hon- « neur dont chacun demeure jaloux, alors seulement « une nation est grande, glorieuse, forte ; c'est alors « que son existence peut braver les revers, les inva- « sions, les siècles.

« Du reste, il est vrai de dire encore, qu'il n'est
« rien qu'on n'obtienne du Français, *par l'appât du*
« *danger* ; il semble leur donner de l'esprit : c'est leur
« héritage gaulois..... La vaillance, l'amour de la
« gloire, sont chez les Français, un instinct, une
« espèce de sixième sens. Combien de fois, dans la
« chaleur des batailles, je me suis arrêté à contem-
« pler un jeune conscrit se jettant dans la mêlée, pour
« la première fois ; l'honneur et le courage leur sor-
« taient de tous les pores. »

(3) Dans une autre de ses conversations, vives, plei-
nes de chaleur et de verve : « L'Angleterre m'offri
« d'être roi de France, au traité d'Amiens. Je repoussai
« la paix de Châtillon ; je dédaignai toute stipulation
« personnelle après Waterloo : pourquoi ? C'est que
« rien de tout cela n'était la patrie, et je n'avais
« d'autre ambition que la sienne, celle de sa gloire,
« de son ascendant, de sa majesté : et aussi voilà
« pourquoi, en dépit de tant de malheurs, je demeure
« si populaire parmi les Français : c'est une espèce
« d'instinct d'arrière-justice de leur part. »

« Qui sur la terre eut plus de trésors à sa dispo-
« sition ? »

« Que sont-ils devenus ? Ils se sont fondus dans
« les besoins de la patrie. Qu'on me considère,
« je demeure nu sur mon roc ; ma fortune était
« toute dans celle de la France. Dans la situation
« extraordinaire où le sort m'avait élevé, mes tré-

« sors étaient les siens ; je m'étais identifié sans ré-
« serve à ses destinées. Quel autre calcul eût pu
« m'atteindre si haut ? M'a-t-on jamais vu m'occuper
« de moi ? Je ne me suis jamais connu d'autres ri-
« chesses que celles du public. C'est au point que
« quand Joséphine, qui avait le goût des arts, venait
« à bout, à la faveur de mon nom, de s'emparer de
« quelques chefs-d'œuvres, bien qu'ils fussent dans
« mon palais, sous mes yeux, dans mon ménage, je
« m'en trouvais blessé, je me croyais volé ; *ils n'étaient
point au Muséum.* »

« Ah ! sans doute le peuple français a beaucoup
« fait pour moi, plus qu'on ne fit jamais pour un
« homme : mais aussi, qui jamais fit autant pour lui ?
« Qui jamais s'identifia de la sorte avec lui ?

(4) EXTRAIT *de la lettre de l'Empereur Napoléon, adressée
au comte de Las Cases, après son enlèvement de Longwood.*

MON CHER COMTE LAS CASES, mon cœur sent vivement ce que vous éprouvez. Arraché il y a quatorze
ou quinze jours d'auprès de moi, vous êtes enfermé au
secret, sans que j'aie pu recevoir ni vous donner aucune nouvelle, sans que vous ayez communiqué avec
qui que ce soit, Français ou Anglais........

Votre conduite à Sainte-Hélène a été comme votre
vie, honorable et sans reproche ; j'aime à vous le
dire........

Vos papiers, parmi lesquels on savait qu'il y en avait qui m'appartenaient, ont été saisis sans aucune formalité, près de mon appartement, avec des exaltations d'une joie féroce. J'en fus instruit quelques momens après; je regardai par la fenêtre, et je vis qu'on vous enlevait. Un nombreux état-major caracolait autour de vous. Je crus voir les sauvages des îles de la mer du Sud, dansant autour des prisonniers qu'ils vont dévorer.

Votre société m'était nécessaire. Seul, vous lisez, vous parlez et entendez l'anglais. Combien vous avez passé de nuits pendant ma maladie!..........

Arrivé en Europe, soit que vous alliez en Angleterre ou que vous retourniez dans la patrie, perdez le souvenir des maux qu'on vous a fait souffrir; vantez-vous de la fidélité que vous m'avez montrée, et de toute l'affection que je vous porte.

Si vous voyez un jour ma femme et mon fils, embrassez-les; depuis deux ans je n'en ai aucune nouvelle, ni directe, ni indirecte. Il y a dans ce pays, depuis six mois, un botaniste allemand qui les a vus dans le jardin de Shoënnbrunn, quelques mois avant son départ: les barbares ont empêché qu'il vînt me donner de leurs nouvelles.

Toutefois, consolez-vous, et consolez mes amis. Mon corps se trouve, il est vrai, au pouvoir de la haine de mes ennemis; ils n'oublient rien de ce qui peut assouvir leur vengeance. Ils me tuent à coups d'épingles ; mais la providence est trop juste pour permettre que cela se prolonge long-temps encore.

L'insalubrité de ce climat dévorant, le manque de tout ce qui entretient la vie, mettront, je le sens, un terme prompt à cette existence, dont les derniers momens seront l'opprobre du caractère anglais. L'Europe signalera un jour avec horreur cet homme hypocrite et méchant, que les vrais Anglais désavoueront pour Breton.

Comme tout porte à penser qu'on ne vous permettra pas de venir me voir avant votre départ, recevez mes embrassemens, l'assurance de mon estime et de mon amitié.

Soyez heureux.

Votre affectionné,

Signé NAPOLÉON.

Longwood, 11 décembre 1816.

(5) Jamais on ne l'a surpris à parler, avec colère, ou même avec chaleur, d'aucun de ceux dont on croirait qu'il eût le plus à se plaindre ; au contraire, on l'a vu arrêter souvent, à cet égard, les expressions violentes et moins retenues de ceux qui l'entouraient. « Vous ne connaissez pas les hommes, disait-il, ils « sont difficiles à saisir, quand on veut être juste ; se « connaissent-ils ? s'expliquent-ils bien eux-mêmes ? « La plupart de ceux qui m'ont abandonné, si j'avais « continué d'être heureux, n'eussent peut-être jamais

« soupçonné eux-mêmes, leur propre défection.—
« Il est des vertus et des vices de circonstance. — Nos
« dernières épreuves sont au-dessus de toutes les forces
« humaines ; et puis j'ai été plutôt abandonné que
« trahi. Il y a eu plus de faiblesse autour de moi
« que de perfidie; c'est le reniement de Saint-Pierre;
« *Le repentir et les larmes peuvent être à la porte* ».

« A côté de cela, qui, dans l'histoire eut plus de
« partisans et d'amis? Qui fut plus populaire et plus
« aimé? Qui jamais laissa des regrets, et plus ardens et
« plus vifs ? Les rois et les princes mes alliés ont été
« fidèles jusqu'à extinction. Ils ont été enlevés par les
« peuples en masse ; et ceux des miens qui étaient au-
« tour de moi, se sont trouvés enveloppés, tout étour-
« dis, dans un tourbillon irrésistible..... Non ; la
« nature humaine, pouvait se montrer plus laide, et
« non plus à plaindre. »

« Et moi même, me suis-je demandé quelquefois,
« ai-je bien fait pour ce peuple malheureux tout ce
« qu'il avait droit d'attendre ? Il a tant fait pour moi !
« L'histoire décidera. Ce qu'il y a de sûr, c'est que
« je suis loin de la redouter : je l'invoque ».

FIN.

www.ingramcontent.com/pod-product-compliance
Lightning Source LLC
Chambersburg PA
CBHW061256050726
47594CB00004B/1509